AF262458

HISTOIRE

DE

LA PEINTURE SUR VERRE

D'APRÈS SES MONUMENTS EN FRANCE,

ET RECUEIL DE

DESSINS DES VITRAUX

LES PLUS REMARQUABLES,

DEPUIS LE DOUZIÈME SIÈCLE JUSQU'A NOS JOURS,

PAR FERDINAND DE LASTEYRIE.

Prospectus-Spécimen.

L'HISTOIRE du monde serait écrite tout entière dans les ruines des siècles passés, si ces ruines elles-mêmes ne tombaient chaque jour. Quelques-unes, il est vrai, ont traversé les âges et semblent lutter encore avec bonheur contre la destruction qui les menace; mais combien d'autres monuments, expression plus fragile du génie de l'homme, ont à peine assez duré pour laisser un souvenir!

Le temps marche, et demain peut-être le moyen âge sera aussi loin de nous que l'antiquité pouvait l'être hier; c'est donc à nous de l'étudier, tandis que ses monuments sont encore debout, à nous de léguer son histoire aux générations futures. Aujourd'hui, ce besoin est généralement senti; les études archéologiques ont pris grande faveur depuis quelques années, et le moyen âge est sorti de l'obscurité où il avait dormi si longtemps. La mode elle-même s'en est emparée, et lui a sacrifié les Grecs et les Romains pour le sacrifier bientôt lui-même à de nouveaux caprices. Mais ce que la mode use en quelques instants n'est pas si vite usé par l'étude. Un travail consciencieux doit survivre à son auteur, et, pour cela, de superficielles recherches ne sauraient suffire; car on ne fait renaître une époque qu'en étudiant, un à un, tous ses arts, ses sciences et son état moral. — Or, quel est l'homme qui pourrait à lui seul entreprendre une si vaste tâche ? — Il faut donc qu'on se la partage, que chacun enfin prenne sa spécialité : renfermé dans ce cercle en apparence étroit, il aura beaucoup à faire encore, et cependant il pourra espérer de former un tout assez complet.

Déjà l'histoire des arts a beaucoup gagné aux recherches des hommes spéciaux : de riches publications ont révélé au monde artiste les trésors presque inconnus que renferment nos antiques manuscrits, ou les chefs-d'œuvre oubliés de la statuaire; l'architecture du moyen âge a trouvé de savants historiens; les armures de nos pères ont été étudiées avec tout l'intérêt qu'elles méritent; d'habiles mains vont reproduire les curieux dessins de nos vieilles tapisseries. Et cependant un art reste encore dans l'oubli; celui qui peut le plus difficilement échapper à la destruction.

Poétique expression des croyances chrétiennes, œuvre de foi presque autant qu'œuvre d'art, la *Peinture sur verre* périt dans ses monuments, sans que personne songe à recueillir ses débris, à mesure qu'ils viennent joncher le pavé de nos églises. Longtemps méprisée, encore mal comprise, peu de gens savent tout ce qu'il y a de génie dans ses premiers chefs-d'œuvre en apparence grossiers. Qui n'a senti son cœur se serrer, le recueillement descendre dans son âme, en entrant sous les saintes voûtes des cathédrales de Chartres ou de Reims, riches encore de leurs antiques verrières ? Eh bien ! celui-là s'est-il demandé ce qu'il a fallu d'art au peintre pour produire un effet si prodigieux avec quelques morceaux de verre ? Et lorsque le goût plus épuré des siècles suivants vint rectifier un dessin souvent barbare, a-t-il vu les chefs-d'œuvre qui sont sortis des mains de Bernard Palissy, de Lequier, des Pinaigrier et de Jean Cousin ? A-t-il visité les églises de Rouen, de Beauvais, d'Auch, de Bourges, de Paris même, pour y retrouver les dessins d'Albert Durer, de Jules Romain, de Raphaël, de Lesueur et de tant d'autres dont les noms seront grands pour lui lorsqu'il aura vu leurs œuvres?

Non. — Il est plus commode d'étudier les arts dans un musée, et peu d'amateurs vont les poursuivre ailleurs. Que l'histoire des arts aille donc s'offrir à ceux qui ne viendraient pas la chercher ! et l'historien espérera encore avoir dignement accompli sa mission, s'il reste scrupuleux et fidèle, s'il conserve à chaque époque son caractère pur et sa naïveté.

Pour cela qu'y a-t-il à faire? — Étudier l'art, non-seulement dans les livres, mais surtout dans ses monuments; reproduire ceux-ci avec conscience et sans aucunes prétentions artistiques; puiser des documents certains dans nos vieux auteurs, dans nos vieux manuscrits; fouiller dans nos bibliothèques de province, dont les richesses sont encore si peu connues; recueillir même les traditions locales, et coordonner enfin tous ces documents, de telle manière que l'histoire serve à l'étude des monuments, comme les monuments doivent servir à l'étude de l'histoire. C'est ainsi du moins que j'ai compris celle de la *Peinture sur verre*. C'est en appelant le pinceau et la plume à mon aide, que j'ai cru devoir étudier ce qui nous reste encore d'un art jadis si florissant; et pendant plusieurs années, j'ai parcouru ainsi la France pour y recueillir les monuments épars où se trouve écrite l'histoire de cette peinture, depuis l'époque si religieuse des croisades jusqu'aux siècles de sa complète décadence.

De nombreux essais tendent aujourd'hui à rallumer le feu mal éteint des fourneaux du verrier, et tout leur présage un heureux succès. N'est-ce donc pas le moment de secouer la poussière du temple gothique, de mettre au jour l'œuvre de nos grands maîtres de la renaissance? Avant de reproduire, ne faut-il pas songer à conserver? — La production marche si lentement, la destruction va si vite! A Clermont, c'est un orage qui renverse les belles verrières de la cathédrale; en Normandie, ce sont de vils brocanteurs qui dépouillent les églises de campagne; l'Anjou parricide brise le portrait de ses ducs, qui décorait depuis le xiie siècle l'abbaye du Loroux, et ailleurs l'ignorance d'un conseil de fabrique livre à vil prix le dernier ornement de son église, ou le dénature par de monstrueuses restaurations.

En face de monuments si fragiles, j'ai cru faire une œuvre utile que d'en entreprendre la reproduction fidèle. Pour avoir quelque prix, cette œuvre doit être originale; je l'ai pensé du moins, et je me suis imposé la loi de n'emprunter à mes devanciers aucun des dessins qui ornent leurs ouvrages. J'ai puisé de précieuses lumières dans le Traité de Levieil, véritable arche de salut pour la *Peinture sur verre*, dans les ouvrages de M. Lenoir, à qui les amis des arts doivent tant de reconnaissance, dans ceux de MM. Émeric David, Lenormand, Langlois du Pont-de-l'Arche, etc. J'ai souvent consulté les dessins contenus dans les livres du P. Montfaucon, de Villemin et de plusieurs autres; mais je me suis abstenu d'en reproduire aucun, bien décidé à ne répondre que de mon œuvre. Ces gravures n'étaient d'ailleurs qu'une infidèle représentation : simple trait d'un grand dessin, on n'y retrouve en rien ce qui caractérise la *Peinture sur verre*. Le plomb, charpente indispensable d'une verrière, y est constamment dissimulé, et la couleur, plus indispensable encore, n'y est presque jamais indiquée.

Jusqu'à présent, il n'existe donc pas en France d'*histoire complète de la Peinture sur verre*. Il n'existe pas non plus d'ouvrage où les verrières de nos églises soient représentées dans toute leur vérité. Celui que j'annonce sera par conséquent un *ouvrage nouveau*.

Auteur en même temps qu'éditeur, j'ai pu réaliser, par le sacrifice de mon travail, un plan que la dépense m'eût interdit dans toute autre circonstance; j'ai pu apporter le luxe dans une entreprise que la parcimonie aurait tuée. Ainsi le coloriage offrait d'immenses difficultés : où retrouver les couleurs du prisme, qui brillent si vives dans nos antiques vitraux? où retrouver ces ombres diaphanes qui laissent passer le jour, sans rien perdre de leur effet? et cependant c'étaient là des conditions indispensables pour arriver au résultat voulu. Aussi, après l'avoir atteint, après avoir confié le coloriage aux mains téressants sur le même objet, tels que l'*Histoire de la Peinture sur verre en Limousin*, par M. l'abbé Texier, et la *Description des vitraux de Strasbourg*, par M. l'abbé Guerber. Enfin, je dois mentionner aussi quelques travaux estimables dus à des hommes spéciaux, tels que MM. Bontemps, Lamy de Nozan, et surtout ceux de MM. Thévenot et Thibaud, qui ont eu, ne l'oublions pas, le mérite d'être les premiers sur la brèche, tant comme restaurateurs de nos anciennes verrières, que comme auteurs des notices, malheureusement fort courtes, dont la publication remonte à 1835.

Les pays étrangers ne sont pas non plus restés inactifs, et je ne saurais me dispenser de mentionner ici les utiles travaux de MM. Winston et Warrington en Angleterre, de MM. Edmond Lévy et Caperonnier en Belgique, de MM. Gessert et Wackernagel en Allemagne.

J'ai souvent profité de ces diverses publications. Plus souvent encore, j'ai mis à profit mes relations personnelles avec leurs auteurs, et avec la plupart de nos peintres verriers modernes, chez qui j'ai rencontré, en toutes circonstances, l'obligeance la plus parfaite. Ma dette de gratitude n'est pas moindre vis-à-vis de ces hommes éminemment distingués, laborieux et modestes, qui tiennent en dépôt, dans nos bibliothèques et nos archives, tous les trésors de la pensée humaine et tous les secrets du passé. Je n'en connais pas un auprès de qui je n'aie trouvé assistance au besoin.

Mais, je le sens, la plus grande part de ma reconnaissance est due surtout à l'Académie des inscriptions et belles-lettres, qui, dès le début de cette publication, a bien voulu l'honorer des plus flatteurs encouragements. Le suffrage de l'Institut de France impose de lourdes obligations et crée de nouveaux devoirs à celui qui a eu le bonheur d'en être l'objet. Je n'ai rien épargné pour m'en rendre digne. Puissé-je l'avoir au moins justifié par la conscience que j'ai apportée dans l'accomplissement de mon œuvre!

HISTOIRE

DE

LA PEINTURE SUR VERRE.

INTRODUCTION.

Avant d'étudier la Peinture sur verre dans ses monuments les plus anciens, d'examiner et de décrire ceux qui nous restent, si nous jetons un coup d'œil général sur l'histoire de cet art, une première observation viendra nous frapper d'abord : c'est que la Peinture sur verre, née pour ainsi dire avec le christianisme, semble avoir suivi pas à pas les phases de nos croyances.

Les ruines de l'Empire lui servent de berceau, et dès les premiers temps de l'ère chrétienne, elle concourt à l'ornement des basiliques, à la transformation des temples du paganisme. Ses magiques effets parlent à l'imagination du peuple, et déjà l'art nouveau se répand partout à l'aide de la foi nouvelle, lorsque tout à coup la fureur des Iconoclastes vient en arrêter les progrès, en renverser les premiers monuments. La Peinture sur verre semble alors oubliée; l'Europe est arrivée à son dernier degré de barbarie. Mais bientôt les ténèbres dont elle est enveloppée se dissipent, et le grand mouvement, le pieux enthousiasme qui produit les croisades, donne également aux arts une impulsion nouvelle. La Peinture sur verre reparaît alors avec éclat; la religieuse munificence de saint Louis et de la reine sa mère, lui font prendre une extension sans exemple, et la France se couvre de pieuses fondations.

Plusieurs siècles se passent ainsi, et la même dévotion continue jusqu'au jour où une pensée de doute vient troubler la foi de nos pères; ce doute frappe au cœur l'art religieux que la foi faisait vivre, il le prend à son époque la plus brillante et l'entraîne peu à peu vers une complète décadence.

Ce rapport constant, cette espèce de sympathie entre l'art et la religion se comprennent

aisément, lorsqu'on songe combien les effets de la Peinture sur verre, habilement ménagés, sont de nature à réveiller chez l'homme le sentiment religieux. Il n'existe pas de
décoration dont le culte chrétien ait jamais pu tirer un meilleur parti : cette lumière
diaprée qui tombe sur l'autel en rayons incertains, cette clôture à demi transparente, qui
colore l'atmosphère de je ne sais quelle teinte pieuse et mystique, tout reporte l'imagination vers les croyances mystérieuses, et l'incrédule sent fléchir son genou sur le parvis
du temple. Combien de fois les poètes chrétiens du moyen âge n'ont-ils pas chanté le
charme inconnu répandu dans le sanctuaire, où leur imagination enthousiaste aimait à
retrouver la *Jérusalem céleste!* Ce charme est si puissant que nous l'avons tous éprouvé,
et cependant peu de nous ont cherché peut-être à analyser les heureuses combinaisons
de l'art qui sait ainsi nous émouvoir le cœur, en parlant à nos sens ; car il répugne à
l'enthousiasme d'analyser ce qu'il éprouve, et d'ailleurs ne risque-t-on pas de perdre ses
plus belles illusions, lorsqu'on veut en étudier la source?

Toutefois, cette crainte me paraît ici peu fondée, et l'admiration n'a qu'à changer de
forme, si l'on observe dans leurs détails les moyens à la fois simples et puissants qu'employait jadis le peintre verrier pour arriver à tous les effets qui nous étonnent.

Je le répète, tout est simple dans son art ; le dessin même n'y figure d'abord que
comme un accessoire, destiné à fixer de pieuses légendes dans le souvenir du peuple
de Dieu; il est grossier, défectueux même. Mais cette coloration transparente qu'il
reçoit de la lumière céleste, l'éclat dont il brille à la voûte du temple, lui donnent
presque aux yeux des fidèles assemblés l'apparence d'une pieuse vision. Il semble pour
eux que les saints personnages dont ils invoquent les noms, descendent du ciel dans un
rayon de lumière. N'est-ce pas là du moins le sentiment que durent éprouver des chrétiens à la foi naïve, à l'âme avide de croyances, lorsqu'ils élevèrent pour la première fois
leurs chants au milieu de cette atmosphère irisée?

Et le clergé, chez qui toutes ces sensations devaient s'éveiller plus puissantes encore,
comment aurait-il négligé les ressources d'un art si riche en émotions pieuses? Comment
aurait-il laissé échapper un moyen si précieux de répandre parmi les plus ignorants du
peuple, la connaissance des mystères et des saintes légendes, qui jouaient alors un si
grand rôle? C'était, à coup sûr, le genre d'image le moins matériel qu'on pût présenter
à des hommes dont il fallait frapper les yeux pour éveiller la foi.

On ne saurait donc s'étonner de cette sympathique coïncidence entre l'art et l'état des
croyances religieuses, que j'aurai souvent à constater dans le cours de cette histoire, et
dont j'ai cru, dès son origine, devoir indiquer les causes principales.

Dans l'histoire de la Peinture sur verre, je ne comprendrai point celle de cette matière
elle-même, et je n'ai point à reproduire ici ce que les plus anciens auteurs rapportent de
vrai ou de fabuleux sur sa découverte. Mais si le verre, employé aux divers usages de la

vie domestique, est encore étranger à mon sujet, l'histoire de l'art commence, selon moi,
dès le jour où il est appliqué à la clôture et à la décoration des édifices. On peut penser,
il est vrai, que pendant longtemps le verre ainsi employé ne fut revêtu d'aucune peinture
à la main; mais du moment qu'on admet que les anciens fabriquaient du verre de diverses
couleurs, n'est-il pas également naturel de penser que, dans la répartition des nombreux
fragments employés à la clôture d'une fenêtre, ils observaient certaines combinaisons
symétriques, et arrivaient ainsi à former *un dessin?*

Laissant donc de côté ce que nous raconte Strabon (1) sur la châsse de verre dans
laquelle Seleucus Eibiosactes aurait fait placer le corps d'Alexandre le Grand, et les
descriptions hasardées du cirque de Marcus Scaurus, orné, selon Félibien (2), d'une
colonnade de verre, je m'attacherai uniquement à rechercher dans les auteurs anciens
l'époque la plus reculée à laquelle il est fait mention 1° de l'emploi des vitres aux fenêtres;
2° de la peinture sur le verre.

Dans une dissertation placée à la fin de sa *Description du Musée des monuments
français* (3), M. Al. Lenoir parle de faisceaux de verre fabriqués par les Grecs. « Ces
« faisceaux, » dit-il, « étaient composés de plusieurs tubes coulés que l'on réunissait au
« feu, et qu'après en avoir formé une masse, on sciait à volonté en façon de tranche,
« soit pour faire des vitres, soit pour d'autres objets. » J'ignore sur quels témoignages
M. Lenoir a pu baser cette assertion, et, pour ma part, je n'ai trouvé aucune preuve
authentique de l'emploi du verre à la clôture des édifices dans les livres écrits avant la
naissance de Jésus-Christ. Le témoignage le plus ancien que j'aie pu recueillir est celui du
juif Philon, que ses coreligionnaires envoyèrent en ambassade auprès de Caius Calligula,
à l'occasion de différends survenus entre eux et les Grecs d'Alexandrie. Les juifs trouvèrent
l'empereur occupé des embellissements de deux maisons de plaisance, Mæcena et Lamia,
où il les reçut, à ce qu'il paraît, fort cavalièrement, interrompant à chaque instant leur
discours, pour donner des ordres à ses architectes. Cette curieuse entrevue des chrétiens
avec le terrible Calligula est fort naïvement rendue dans une ancienne traduction (4),
où on lit le passage suivant de la narration de Philon :

« Si tost qu'il eût gousté nos bonnes raisons et conceu qu'elles n'estoient pas à despriser,
« auparauant que nous lui en eussions amené d'autres plus fortes, rompit nos premiers
« propos, et sauta vistement en une grand'salle, où se pourmenant, il commanda que
« tout à l'entour les fenestres fussent bouchées de verre blanc semblable aux pierres

(1) Strabonis Rerum geographicarum Lib VII.

(2) Principes d'architecture, par André Félibien,
in 4°. Paris 1690. — Casaubon parle aussi de ce cirque dans ses notes sur Flavius Vospiscus : *Pro pa-
riete vitrum adhibebant, ut in Scauri theatro.* Mais il
est clair qu'il s'agit ici de murailles incrustées en mo-
saïque de verre, genre d'ornement fort en usage à cette
époque, et dont j'aurai bientôt à parler plus au long.

(3) Un vol. in 8°. Paris, an X de la république.

(4) Les Œuvres de Philon mit, avthevr très éloqvent
et philosophe très grave, mises de grec en françois
par Pierre Bellier. — Paris 1588, un vol. in 8°.

« reluisantes, et au travers desquelles on voit, n'empeschans point la lumière, ains
« seulement le vent et l'ardeur du soleil (1). »

Ce fait ne semblerait-il pas prouver que l'emploi du verre aux fenêtres est antérieur
au règne de Théodose le Grand, quoi qu'en ait pu dire M. Eug. Bareste, dans une série
d'articles publiés récemment sur l'histoire de la Peinture sur verre (2). Et lors même que
la signification des mots employés par Philon, pourrait encore paraître obscure, le témoignage de Lactance ne peut laisser aucun doute : *Veriùs et manifestiùs est mentem esse,
quæ per oculos ea quæ sunt opposita transpiciat, quasi per fenestras* lucente vitro *aut
speculari lapide obductas* (3). Saint Jean Chrysostome parle de parquets en mosaïques,
de hautes fenêtres ornées de diverses couleurs (4), et ce qu'il disait au commencement
du quatrième siècle, saint Jérôme le répète bientôt en d'autres termes : *Fenestræ quæ
vitro in tenues laminas fuso abductæ erant* (5).

On ne saurait donc douter, que dès les premiers siècles de notre ère, le verre ne fût
employé à la clôture des édifices, et d'autres témoignages non moins authentiques attestent que la coloration et même la peinture sur le verre étaient également connues des anciens. Pline rapporte que, de son temps, on faisait du verre rouge et non transparent,
nommé *hæmatinon;* d'autre blanc, d'autres imitant les pierres précieuses; du verre
enfin de toutes les couleurs. Il n'y a pas, selon lui, de matière plus propre à la peinture;
mais toutefois il paraît donner la préférence au verre blanc, en raison de son extrême
transparence (6).

Le même auteur va jusqu'à décrire la fabrication du verre (7), et tout dans son langage
annonce qu'elle était alors fort répandue. Toutefois elle n'était pas très-anciennement
connue à Rome, si nous en croyons certain passage de Sénèque, qui parle en termes
pompeux de l'étonnement qu'éprouverait Posidonius, s'il pouvait voir les beaux travaux

---

(1) Des vertus et ambassade fait à Caïus. Fol. 527. — Le sens de ce passage de l'auteur grec a donné lieu à des interprétations très-diverses. La plupart des traducteurs sont d'accord avec P. Bellier; mais d'autres, tels que D. Calmet, ont cru qu'il s'agissait ici du *talc*, fort souvent employé à la clôture des fenêtres. P. Levieil, dans l'*Art de la Peinture sur verre*, rapporte ces diverses opinions, et pense, peut-être avec raison, que le mot grec ὕαλος est également susceptible des deux interprétations.

(2) L'Artiste, n°ˢ des 19 et 26 février, 5 et 12 mars, 9 et 23 avril et 7 mai 1837.

(3) De Opificio Dei, cap. VIII.

(4) Chrysostomi oper. Tom. VII, pag. 354.

(5) Le même auteur dit en un autre endroit : *Fenestræ quoque erant factæ in modum retis ad instar cancellorum, ut non speculari lapide nec* vitro, *sed li-*

gnis *interrasilibus et vermiculatis includerentur.* (Commentaire sur le chap. XLI d'Ézéchiel, v. 16.)

(6) *Fit... et totum rubens vitrum, atque non translucens,* hæmatinon *appellatum. Fit et album, et murrhinum, aut hyacinthos sapphirosque imitatum, et omnibus aliis coloribus. Nec est alia nunc materia sequacior aut etiam* picturæ accommodatior. *Maximus tamen honos in candido translucentibus quam proxima crystalli similitudine.* (C. Plinii sec. Histor. natur., lib. XXXVI, § LXVII.).

(7) *Arena alba nascens.... quæ mollissima est, pila molaque teritur. Dein miscetur tribus partibus nitri pondere vel mensura, ac liquata in alias fornaces transfunditur. Ibi fit massa quæ vocatur ammonitrum* (ce que les verriers appellent aujourd'hui la fritte): *atque hæc recoquitur, et fit vitrum purum, ac massa vitri candidi.* (Ibid., lib. XXXVI. § LXVI.) — On lit

qu'on exécute en verre (1). Posidonius vivait du temps de Pompée, et il fallait que l'art de la verrerie eût fait à Rome de rapides progrès, pour que Sénèque tînt un pareil langage dans le siècle suivant. Il existait en effet dans cette ville plusieurs verreries, dont une était établie au cirque Flaminien (2); mais, par leur nombre ainsi que par leur réputation, elles étaient loin d'égaler les verreries d'Alexandrie en Égypte (3). Je dois ajouter ici que cette fabrication, nouvelle encore pour les Romains, était dès lors répandue en Espagne et dans les Gaules (4), et que ses produits obtenaient une grande faveur. De toutes parts, les palais et les temples tiraient des verreries leurs plus précieux ornements; et, soit que le verre y fût employé en lames transparentes ou en mosaïques, la diversité et l'éclat de ses couleurs charmaient les yeux des anciens, comme ils savent encore charmer les nôtres (5). Aussi l'emploi en devint-il chaque jour plus général.

Déjà, nous l'avons vu, les fenêtres en verre étaient connues au commencement du quatrième siècle, si même elles ne l'étaient pas plus anciennement, et saint Jérôme en parle dès les premières années du siècle suivant. Enfin, au sixième siècle, cet art nouveau prend sa place dans un monument dont la magnificence devait étonner le monde, dans la célèbre basilique de Sainte-Sophie, que l'empereur Justinien, montant sur le trône vers cette époque, fit reconstruire dans la capitale de son empire.

Ce monument, le plus splendide que jamais le christianisme ait élevé dans l'empire d'Orient, fut construit sur les ruines déjà réédifiées d'un temple fondé en l'honneur de Dieu par l'empereur Constantin, et placé par lui sous l'invocation de la divine Sagesse, τῇ ἁγίᾳ Σοφίᾳ. L'œuvre de Constantin lui survécut de peu et fut renversée par un tremblement de terre, sous le règne de son fils. Celui-ci l'ayant fait reconstruire sur un plan plus vaste par l'adjonction d'une église voisine, la nouvelle dédicace en fut faite le 15 février de l'an 360. Mais une autre catastrophe menaçait le temple au milieu

---

dans le même chapitre : *Ex massis rursus funditur in officinis*, tingiturque. *Et aliud flatu figuratur, aliud torno teritur.* (Ibid.)

(1) *Cuperem Posidonio aliquem vitrarium ostendere, qui spiritu vitrum in habitus plurimos format, qui vix diligenti manu effingerentur.* (L. Annæi Senecæ Epistolæ morales. Ep. XC.)

(2) *In qua circo vitri officina fuit.* (Rosinus Bartholomæus. Roman. Antiquit. Lyon, 1609, in-4°. — Lib. V, cap. IV, pag. 229.)

(3) Flavius Vospiscus rapporte, d'après Phlegon, affranchi d'Adrien, une lettre où cet empereur admire l'industrie égyptienne : *Ægyptum quam mihi laudabas....totam didici, levem, pendulam, et ad omnia famæ momenta volitantem.....Civitas opulenta, dives, fœcunda, in qua nemo vivat otiosus.*

Alii vitrum conflant, ab aliis charta conficitur. (Historiæ augustæ scriptores. Paris, 1603, un vol. in-4°, pag. 361.) Le même auteur ajoute, dans la vie de l'empereur Aurélien : *Vectigal ex Ægypto urbi Romæ vitri, chartæ......... constituit.* (Ibid., pag. 331.) Ce qui prouve, je crois, qu'encore alors le verre n'était pas très-commun dans Rome.

(4) Après avoir décrit les procédés de fabrication du verre, Pline ajoute : *Jam verò per Gallias Hispaniasque simili modo arenæ temperantur.* (Lib. XXXVI, § LXVI.)

(5) On lit dans la vie de l'empereur Tacite, par Flavius Vospiscus, que ce prince avait un goût particulier pour ce genre de décoration : *Vitreorum diversitate atque operositate vehementer est delectatus.* (Historiæ augustæ scriptores, pag. 339.)

des troubles qui déchiraient l'Empire; il s'écroula dans les flammes, sous le règne d'Honorius (1).

L'église de Sainte-Sophie était encore en ruine, lorsque Justinien en entreprit la reconstruction, vers les premières années du sixième siècle. A la place de l'ancien temple simplement couvert en bois, le nouvel empereur entreprit d'édifier la plus somptueuse basilique qui ait jamais existé. Justinien appela les plus habiles architectes à son aide, et tous les arts furent mis à contribution pour orner la maison du Seigneur. Le détail de toutes ces magnificences est parvenu jusqu'à nous, grâce aux pompeuses descriptions des auteurs contemporains, dont du Cange a recueilli le témoignage dans un curieux ouvrage intitulé : *Constantinopolis christiana.* Nulle part on ne saurait se former une idée plus juste de l'état des arts à cette époque de l'Empire; nulle description ne saurait reproduire plus complétement l'aspect primitif de ce monument, dont le dôme, toujours debout au milieu des ruines de l'Empire, semble une antique figure de marbre agenouillée sur un tombeau de roi.

Rien ne fut épargné pour l'ornement de la basilique nouvelle. Là se trouvaient accumulées toutes les magnificences du Bas-Empire. Autour de ce dôme, soutenu par une forêt de colonnes, s'étendaient de vastes et élégants portiques. Partout le marbre était répandu à profusion, et de riches dorures, de brillantes mosaïques de verre (2) jetaient dans le sanctuaire une splendeur jusqu'alors sans exemple; des flots de lumière pénétraient dans l'édifice par d'innombrables fenêtres (3), et ses rayons brillaient d'un feu si vif, qu'il semblait, au dire de Procope, que le jour prit naissance sous les voûtes du temple (4). Paul le Silentiaire célèbre en vers pompeux l'effet magique produit par les premiers rayons du jour sur les fenêtres vitrées de la sainte basilique (5); et ces poétiques

---

(1) Historia Byzantina. — Constantinopolis christiana, ex variis scriptoribus contexta, auctore Carolo du Fresne domino du Cange.— Paris, MDCLXXX, un vol. in-fol. (Lib. III, § 1 et iii.)

(2) J'ai déjà eu occasion de dire quelques mots de ce genre d'ornement, que les anciens appelaient *musivum.* C'étaient des mosaïques formées de petits cubes de verre colorés ou dorés, comme on le voit dans la Vie de saint Laurent, évêque de Sipunte : *Vitreos lapides fulvo auro supertectos.* Gyllius, auteur contemporain, dit également, selon du Cange : *Cameræ.... calculis et tessellis vitreis inauratis fulgent.* Muratori en parle fort au long dans son grand ouvrage sur les antiquités du moyen âge, et redresse l'erreur de quelques archéologues qui avaient confondu les *musiva* avec les mosaïques ordinaires. *Angelus de Nuce.... ignorasse videtur, musiva non ex lapide, sed ex vitro constare.* Le même auteur

ajoute que cet art s'était répandu également en France, et que Charlemagne lui-même y eut recours pour orner sa grande église d'Aix-la-Chapelle. (Muratori, Antiq. ital. medii ævi, tom. II, dissert. xxiv, col. 363 et 364. In-fol., Milan, 1789.) Les mosaïques de verre furent même employées au dallage des temples, et on lit au chap. 5 de la vie de Berward, évêque d'Hildesheim, écrite par Tangmar : *Musivum in pavimentis ornandis studium propriâ industriâ, nullo monstrante, composuerit.*

(3) *Pars illa hemisphærii tota luminibus, seu potiùs fenestris collucet.* (Evagrius; trad. de du Cange.)

(4) *Non extrinsecùs collustrari à sole locum, sed inibì nasci fulgorem diceres : tanta est affusæ templo lucis copia.* (Procope, id.)

(5)   ..... διατμηθεῖσα δὲ νώτοις
Πένταχα μοιρηθέντα δοχεῖα φωτὸς ἀνοίγει
Λεπταλέοις ὑάλοις κεκαλυμμένα τῶν διὰ μέσσης.

descriptions ne doivent laisser aucun doute sur l'emploi du verre coloré, dont les teintes vives et variées peuvent seules produire cette admirable harmonie.

Sainte-Sophie, parée de ses richesses, ornée avec une magnificence si somptueuse, surpassait tout ce qu'on connaissait alors, et l'on peut juger de l'admiration qu'inspiraient tant de merveilles, par les paroles mêmes échappées à Justinien pendant la dédicace du temple : « Gloire à Dieu, qui m'a permis d'achever une œuvre aussi grande ! J'ai « su te vaincre, ô Salomon (1) ! »

Ce fut vers l'an 627 que fut achevée la reconstruction de Sainte-Sophie (2). Si je ne puis donner le nom des artistes à qui l'on dut les nombreuses verrières dont cette basilique fut ornée, du moins dois-je rappeler ici celui des deux architectes, Isidore de Milet et Anthémius Trullianus (3), qui contribuèrent le plus puissamment à cette œuvre mémorable. D'ailleurs, n'est-il pas permis de croire que les fenêtres du temple ont dû être construites par leurs soins, ou au moins sur leurs dessins ?

L'Orient venait ainsi d'étaler toutes ses splendeurs dans la nouvelle basilique, et cependant le reste de l'Europe semblait vouloir rivaliser avec lui. Partout l'art chrétien jetait ses racines, et, dès le commencement du sixième siècle, nous trouvons, dans nos auteurs nationaux, de nombreux témoignages qui attestent les progrès qu'il avait faits en France. Les églises alors étaient souvent vitrées, ainsi que nous l'apprend Grégoire de Tours, en racontant le sacrilége d'un soldat qui pénétra dans l'église de Brioude par une fenêtre dont il fracassa le vitrage (4). Ce fait remonte à l'an 525; et le poëte Fortunat, qui vivait un demi-siècle plus tard, ne peut contenir l'admiration qu'il éprouve à la vue des églises ornées de vitraux. Partout les mêmes effets produisent le même enthousiasme. Fortunat compare l'église de Paris au temple de Salomon, comme Justinien lui compare sa noble basilique ; les images poétiques de Procope se retrouvent en entier dans les vers du saint évêque de Poitiers, et c'est toujours la voûte qui s'illumine aux premiers rayons de l'aurore, le jour qui semble captif dans le sanctuaire (5).

Le même auteur nous parle des fenêtres dont fut ornée l'église de Saint-Martin, brûlée vers cette époque et reconstruite par Grégoire de Tours (6).

Φαιδρὸν ἀπαστράπτουσα φαισφόρος ἔρχεται ἠώς.
(Part. I, vers 274.)

Domus autem dispertita, quinquefariam separata ac divisa lucis receptacula aperit, levioribus vitreis operta, per quarum medium bellè coruscans ingreditur aurora. (Constantinop. christian., lib. III, § LII, pag. 46.)

(1) *Gloria Deo, cujus dignatione ejuscemodi opus perfeci ! Vici te, Salomon !* (Ibid., § V, pag. 9.)

(2) Ibid., § IV, pag. 9.

(3) Ibid., § VI, pag. 11.

(4) Gregor. Turon. De Gloriâ martyrum.

(5) *Prima rapit radios vitreis oculata fenestris,*
    Artificisque manu clausit in arce diem,
    Cursibus aurorœ vaga lux laquearia complet,
    Atque suis radiis sine sole micat.

(V. H. C. Fortunati, Italici presbyteri, episcopi Pictaviensis carmina, avec notes de Brower. In-4°, Mayence, 1603, lib. II, § II.)

(6) *Nunc placet aula decens patulis oculata fenestris,*
    Qua noctis tenebris clauditur arce dies.

(Ibid., lib. X, § II.) Cette église était percée de soixante-douze fenêtres. (Notes de Brower, pag. 226.)

Le cloître de Jumiéges fut également garni de vitres, vers l'année 655, par les soins de saint Philbert, fondateur de cette célèbre abbaye, comme on le voit dans la vie de ce pieux abbé (1) ; et c'est ainsi que l'art du verrier se répandait peu à peu dans toutes les provinces qui composent aujourd'hui la France. Nous l'avons déjà vu établi en Auvergne, en Touraine, à Paris et dans la Normandie, et bientôt les peuples voisins, admirateurs de ces beaux monuments, viendront se former à l'école de nos artistes.

Bède, dans la vie du bienheureux Biscop, abbé de Wearmouth (2), nous apprend que, vers l'an 680, ce saint personnage envoya chercher en France des hommes habiles dans l'art de la verrerie, jusqu'alors inconnu aux Anglais, pour fermer les fenêtres des églises et des monastères (3). Cet art n'aurait pas fait de rapides progrès chez nos voisins, si l'on en croit l'abbé Fleury, qui rapporte, dans son *Histoire ecclésiastique*, que saint Wilfrid, évêque d'York, répara en 709 l'église que saint Paulin avait autrefois bâtie dans cette ville, la couvrit en plomb, fit blanchir les murailles (4) et placer des vitres aux fenêtres, « chose nouvelle en ce pays (5). »

Les évêques Wilbrod, Winfrid et Willehard furent également des premiers à encourager la peinture sur verre en Angleterre, tandis que saint Anchaire et saint Rambert, apôtres de la Suède et du Danemark, répandaient ailleurs les procédés de cet art.

L'Italie, de son côté, cultivait avec succès les traditions qu'elle avait reçues de ses pères. Anastase le bibliothécaire parle avec admiration des fenêtres de l'église Saint-Paul que le pape Léon III fit décorer d'ornements en cuivre (6), et un autre passage du même

(1) *Singula per lecta lux radiat per fenestras vitrum penetrans, lumen optabile tribuens legentibus.* Ce texte peu connu se trouve rapporté dans un *Essai sur la Peinture sur verre*, publié par feu Hyac. Langlois, du Pont-de-l'Arche, ouvrage plein d'érudition et d'intéressantes recherches. Souvent dans le cours de cette histoire, j'aurai à le citer ; mais qu'il me soit permis, dès le principe, de payer un tribut de regrets à la mémoire de ce savant modeste qu'une mort douloureuse vient d'enlever à la science. La vie de Langlois s'est passée tout entière à travailler sans ambition et à rendre service. Personne ne fit jamais un usage plus généreux de ses connaissances, et j'aimerai toujours à me rappeler l'accueil cordial et les bons conseils que je reçus de lui, lorsque je vins étudier les monuments de sa belle Normandie.

(2) Beda. De Werimulhensi Mon., lib. I, cap. 5.

(3) *Sanctus ille vir, circiter annum* DCLXXX *, misit legatarios Galliam, qui vitri factores, artifices, videlicet Britannis eatenùs incognitos, ad cancellandas ecclesias, porticuumque et cœnaculorum ejus fenestras adducerent : factumque est, et venerunt. Nec solum postulatum opus fecerunt, sed et Anglorum ex eo* gentem *hujusmodi artificium nosse ac discere fecerunt.* (Muratori, Antiq. ital., medii ævi, tom. II, dissert. xxiv, col. 32.)

(4) On voit que l'usage barbare de reblanchir les vieux édifices est presque aussi ancien que ces édifices eux-mêmes, et peut-être la brosse vandale du badigeonneur n'a-t-elle été souvent qu'un instrument de tardive représaille.

(5) Hist. ecclés. par l'abbé Fleury, tom. VIII, liv. xxxix, pag. 527.

(6) *Fenestras miræ pulchritudinis ex* metallo cypsino *decoravit.* (De Vitis romanorum pontificum. In-4° Mayence, 1602, pag. 186.) Quelques commentateurs ont pensé que le mot *cypsino* était là pour *gypsino*, et en ont conclu que les fenêtres dont il s'agit étaient garnies de feuilles très-minces de gypse, ainsi que cela avait lieu souvent alors, et qu'on le voit encore dans quelques campagnes d'Italie. Mais, outre que le mot *metallo* s'appliquerait fort mal au gypse, du Cange nous apprend, dans son Glossaire, que *cypsino* se disait quelquefois pour *cyprino*. La dénomination de *metallum cyprinum* venait, dit-il, de ce qu'on exploitait beaucoup de cuivre dans l'île de Chypre.